Collection de M. Victor BOULANGER

TABLEAUX MODERNES

CATALOGUE

DES

TABLEAUX MODERNES

COMPOSANT LA

Collection de M. Victor BOULANGER

DONT LA VENTE AURA LIEU

HOTEL DROUOT, SALLE N° 8,

Les Lundi 16 et Mardi 17 Février 1880

A DEUX HEURES ET DEMIE.

COMMISSAIRE-PRISEUR	EXPERT
Mᵉ CHARLES PILLET	M. GEORGES PETIT
10, rue de la Grange-Batelière.	7, rue Saint-Georges.

Chez lesquels se trouve le présent Catalogue.

EXPOSITIONS { PARTICULIÈRE : le Samedi 14 Février 1880,
PUBLIQUE : le Dimanche 15 Février 1880,

DE 1 HEURE A 3 HEURES

CONDITIONS DE LA VENTE

Elle sera faite au comptant.

Les adjudicataires payeront *cinq pour cent* en sus des enchères.

La vente des dessins et aquarelles aura lieu, même salle n° 8, le Jeudi 19 Février.

Exposition le Mercredi 18 Février.

Voir le catalogue.

Paris. — Typ. Pillet et Dumoulin, rue des Grands-Augustins, 5.

DÉSIGNATION

BARON

1 — La Source.

Haut., 21 cent.; larg., 13 cent.

BERGERET

2 — Violettes.

Haut., 35 cent.; larg., 31 cent.

BERGERET

3 — Homard et moules.

Haut., 48 cent.; larg., 60 cent.

BONNAT

4 — Jeune fille italienne.

Haut., 44 cent.; larg., 28 cent.

BONNEMAISON

(G.).

5 — Le Poulailler.

Haut., 23 cent.; larg., 35 cent.

BONNEMAISON

(DE).

6 — L'Étang.

Haut., 32 cent.; larg., 40 cent.

BONNINGTON

7 — La Rentrée du port.

Haut., 23 cent.; larg., 34 cent.

BONNINGTON

8 — Marine.

Haut., 9 cent.; larg., 12 cent.

BROWN

(J. L.).

9 — Cavaliers en forêt.

Haut., 40 cent.; larg., 32 cent.

BROWN

(J. L.)

10 — Cavalier.

Haut., 13 cent.; larg., 10 cent.

BROWN

(J. L.).

11 — Les Adieux.

Haut., 21 cent.; larg., 13 cent.

BROWN

(J. L.).

12 — Une Alerte.

Haut., 46 cent.; larg., 37 cent.

BROWN

(J. L.).

13 — Cavaliers Louis XV.

Haut., 45 cent.; larg., 30 cent.

BROWN

(J. L.).

14 — Cavaliers.

Haut., 31 cent.; larg., 29 cent.

BROWN

(J. L.).

15 — Cavaliers sur la plage.

Haut., 72 cent.; larg., 59 cent.

CHATAUD

16 — Caravane au désert.

Haut., 23 cent.; larg., 31 cent.

CHAVET

17 — Fumeur.

Haut., 9 cent.; larg., 6 cent.

COMTE

18 — Le Cadeau. 100

Haut., 31 cent. larg., 40 cent.

COTTIN

19 — Poulailler. 150

Haut., 19 cent.; larg.; 30 cent.

DECAMPS

20 — Un Corps de garde turc. 5.000

Haut., 48 cent.; larg., 36 cent.

DECAMPS

21 — Un Incendie la nuit.

Haut., 24 cent.; larg., 40 cent.

DECAMPS

22 — Samson et Dalila.

Forme ovale.

Haut., 23 cent.; larg., 27 cent.

DETAILLE

23 — Incroyables sur la terrasse des Tuileries.

Haut., 27 cent.; larg., 21 cent.

DETAILLE

24 — Hussard en vedette. 3.500

Haut., 21 cent.; larg., 16 cent.

DIAZ

25 — La Maison turque. 3.000

Haut., 23 cent.; larg., 35 cent.

DIAZ

26 — Route près d'une mare. 2.250

Haut., 20 cent.; larg., 30 cent.

DUPRAY

27 — Chasseurs d'Afrique.

Haut., 54 cent.; larg., 45 cent.

DUPRÉ

(JULES).

28 — Les Landes.(Soleil couchant.)

Au premier plan, un troupeau de moutons suit un chemin creux à travers un paysage desséché et aride.

Haut., 31 cent.; larg., 35 cent.

DUPRÉ

(JULES)

29 — La Chaumière.

Haut., 26 cent.; larg., 44 cent.

DUPRÉ

(JULES)

30 — L'Etang.

Haut., 35 cent.; larg., 42 cent.

FAUVELET

31 — La Lecture.

Haut., 17 cent.; larg. 12 cent.

LA FENESTRE

32 — Bergerie.

Haut., 34 cent.; larg., 27 cent.

FORTUNY

33 — Perroquets.

Haut., 12 cent.; larg., 9 cent.

GIROUX

(ACHILLE).

34 — Cheval à l'écurie.

Haut., 25 cent.; larg., 32 cent

HERMANN

(LÉON).

35 — Pêches.

Haut., 28 cent.; larg., 34 cent.

HUMBERT

36 — Un Enlèvement.

Haut., 75 cent.; larg., 55 cent.

ISABEY

37 — La Défense du château.

Tambours en tête, la garnison en armes, défile sous la poterne du château. Les chefs sont à cheval et l'épée au poing. Ils s'arrêtent devant la rampe qui descend à la plaine pour saluer la châtelaine.

Haut., 84 cent.; larg., 36 cent.

ISABEY

38 — Le Mariage.

Haut., 22 cent.; larg., 1 m. 70 cent.

ISABEY

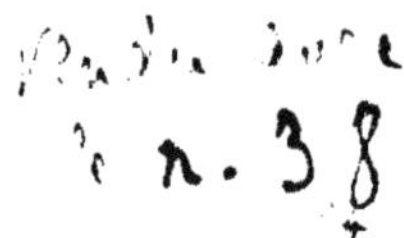

39 — Le Baptême.

Haut., 22 cent.; larg., 1 m. 70 cent.

ISABEY

4.000 40 — La Réception.

Haut., 61 cent.; larg., 50 cent.

ISABEY

2.700 41 — Pêcheurs lançant leurs bateaux à la mer.

Haut., 50 cent.; larg., 88 cent.

ISABEY

42 — Pêcheurs retirant leur barque sur le rivage. 500

Haut., 20 cent.; larg., 33 cent.

ISABEY

43 — Pêcheurs ramenant leurs filets (effet de lune). 1.005

Haut., 26 cent.; larg., 44 cent.

ISABEY

44 — Le Retour de la pêche. 1.030

Haut., 32 cent.; larg., 45 cent.

ISABEY

45 — Scène d'orgie.

Haut., 42 cent; larg., 64 cent.

ISABEY

46 — Le Petit port.

Haut., 19 cent.; larg., 24 cent

ISABEY

47 — Marine.

Haut., 40 cent.; larg., 65 cent.

JACQUE

(CHARLES).

48 — Troupeau de moutons sous de grands arbres.

Haut., 80 cent.; larg., 64 cent.

JACQUE

(CHARLES).

49 — Troupeau de moutons près d'une mare.

Haut., 42 cent.; larg., 68 cent.

JACQUE

(CHARLES).

50 — Poulailler.

Haut., 16 cent.; larg., 23 cent.

JACQUE

(CHARLES).

51 — Porcs dans une étable.

Haut., 30 cent.; larg., 45 cent.

JACQUE

(CHARLES).

52 — Le Rémouleur.

Haut., 11 cent.; larg., 9 cent.

LEFEBVRE

(JULES).

53 — La Vérité (réduction).

Haut., 54 cent.; larg., 24 cent.

LÉVY

(HENRI)

54 — Les deux amis (Lafontaine). 1.000

Haut., 63 cent.; larg., 53 cent.

LÉVY

(HENRI)

55 — Une Sultane. 585

Haut., 43 cent.; larg., 32 cent.

LONGUET

56 — Femme orientale. 110

Haut., 27 cent.; larg., 21 cent.

MAISIAT

57 — Bouquet de roses.

Haut., 54 cent.; larg., 43 cent.

MAISIAT

58 — Fruits.

Haut., 31 cent.; larg., 46 cent.

MORMANS

59 — Le Philosophe.

Haut., 21 cent.; larg., 15 cent.

PASCUTTI

60 — Les Joueurs d'échecs.

Haut., 15 cent.; larg., 22 cent.

PASCUTTI

61 — La Leçon de violon.

Haut., 14 cent.; larg., 11 cent.

PASCUTTI

62 — Le Mannequin.

Haut., 10 cent.; larg., 7 cent. 1/2

PÉCRUS

63 — Jeune femme lisant.

Haut., 21 cent.; larg., 16 cent.

PÉCRUS

64 — Les Travaux de tapisserie.

Haut., 40 cent.; larg., 29 cent.

PENNE

(DE).

65 — Chiens bassets devant un terrier.

Haut., 26 cent.; larg., 40 cent.

PILS

66 — Arabe fumant sa chibouque.

Haut., 45 cent.; larg., 87 cent.

PLASSAN

67 — La Lecture après dîner.

Haut., 16 cent.; larg., 21 cent.

PLASSAN

68 — Bords de rivière.

Haut., 8 cent.; larg., 13 cent.

RIBOT

69 — Enfants jouant à la poupée.

Haut., 89 cent.; larg., 31 cent.

ROUSSEAU

(PHILIPPE).

70 — Basse-cour.

Haut., 12 cent.; larg., 22 cent.

ROUSSEAU

(PHILIPPE).

71 — Une table de cuisine.

Haut., 22 cent; larg., 17 cent.

ROUSSEAU

(PHILIPPE).

72 — Nature morte.

Haut., 13 cent.; larg., 11 cent.

ROYBET

73 — Imagiers.

Haut., 45 cent.; larg., 54 cent.

ROYBET

74 — La Chasse aux canards.

Haut., 35 cent.; larg., 29 cent.

ROYBET

75 — La Partie de cartes.

Haut., 45 cent.; larg., 55 cent.

TROYON

76 — Bords de la Meuse, soleil couchant.

TROYON

77 — Entrée de bois.

Haut., 21 cent.; larg., 23 cent.

TROYON

78 — Pâturage de Normandie.

Au premier plan, une vache et un veau sont arrêtés près d'un petit bois.

La plaine s'étend au loin jusqu'à l'horizon. Des nuages gris roulent dans le ciel.

Haut., 45 cent.; larg., 54 cent.

TROYON

79 — Une fête au village.

Haut., 32 cent; larg., 45 cent.

TROYON

80 — La Ferme.

Haut., 52 cent.; larg., 71 cent.

TASSAERT

81 — L'Incendie.

Haut., 35 cent.; larg., 27 cent.

VEYRASSAT

82 — En route pour le marché.

Haut., 26 cent.; larg., 46 cent.

VEYRASSAT

83 — Chevaux à l'abreuvoir.

Haut., 27 cent.; larg., 35 cent.

VEYRASSAT

84 — Cour de ferme.

Haut., 9 cent. 1/2.; larg., 15 cent.

VIBERT

85 — Le Matin de la noce.

Haut., 29 cent.; larg., 39 cent.

VIBERT

86 — Les Deux Moines.

Haut., 12 cent., larg., 17 cent.

VINCELET

87 — Vase de fleurs.

Haut., 40 cent.; larg., 32 cent.

VINCELET

88 — Fleurs.

Haut., 56 cent.; larg., 71 cent.

VOLLON

89 — Le Singe cuisinier.

Haut., 53 cent.; larg., 63 cent.

VOLLON

90 — Tête d'Italienne.

Haut., 52 cent.; larg., 42 cent.

VOLLON

91 — Vase de fleurs.

Haut., 45 cent.; larg., 37 cent.

VOLLO

92 — Pêche, prunes et raisins.

Haut., 21 cent.; larg., 35 cent.

VUILLEFROY

(DE).

93 — Troupeau de vaches sur la falaise.

Haut., 26 cent.; larg., 34 cent.

WORMS

94 — Un toréador.

Haut., 24 cent.; larg., 19 cent.

ZAMACOIS

95 — Un Suisse d'église.

Haut., 19 cent.; larg., 15 cent.

ZIEM

96 — Le Pont des Soupirs à Venise.

Haut., 23 cent.; larg., 18 cent.

ZIEM

97 — Le Grand-Canal à Venise.

Haut., 26 cent.; larg., 42 cent.

ZIEM

98 — La Charrette.

Haut., 18 cent.; larg., 16 cent.

ZIEM

99 — Le Pont-Neuf (forme ovale).

Haut., 12 cent.; larg., 15 cent.

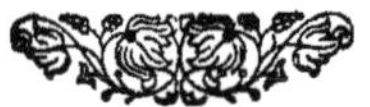

www.ingramcontent.com/pod-product-compliance
Ingram Content Group UK Ltd.
Pitfield, Milton Keynes, MK11 3LW, UK
UKHW020511180726
13839UKWH00005B/2011

9 782329 512440